교양 꿀꺽
경제는 어떻게 움직일까?

교양 꿀꺽
경제는 어떻게 움직일까?

윤현주 지음 | 임다와 그림

봄마중

차례

머리말 · 6

1 우리가 살아가는 데 필요한 재화와 서비스 · 13

2 재화와 서비스를 사고파는 곳, 시장 · 21

3 수요와 공급에 따라 변하는 가격 · 33

4 물건과 서비스를 만드는 생산 · 45

5 합리적 선택이 중요한 소비 · 55

6 화폐의 역할 · 69

7 돈을 빌리고 이용하는 금융 · 79

8 기업의 주인이 되는 주식과 투자 · 95

9 미래의 위험에 대비하는 보험 · 105

10 한 나라가 벌어들인 수입, 국민소득 · 117

11 우리 모두를 위해 필요한 세금 · 125

12 나라끼리의 거래, 무역 · 133

치킨과 피자 가운데 뭘 더 좋아하니? 놀이공원에서 5개의 놀이기구만 이용할 수 있다면 뭘 선택할 거야? 엄마랑 중국집에 갔는데, 탕수육과 깐풍기 가운데 하나만 골라야 한다면? 선택은 피할 수 없어. 식사 때마다 모든 요리를 다 먹을 수는 없잖아.

살다 보면 우리는 늘 선택을 해야 해. 작은 것부터 큰 것까지 선택은 늘 우리 앞에 있단다. 선택해야 할 일은 이른 아침부터 끊임없이 발생하지.

아침밥으로 뭘 먹어야 할지, 학교에 무슨 옷을 입고 가야 할지, 반장 선거에서 누구에게 투표해야 할지 고민이 될 때가 있어. 집에 돌아와서는 간식을 골라야 하고, 저

녁에는 텔레비전에서 무슨 프로그램을 봐야 할지 고민해야 하지.

선택은 중요해.

왜냐하면, 하나를 선택하면 다른 걸 선택할 수 없기 때문이지. 오늘 저녁에 탕수육을 시켰다면 깐풍기는 포기하는 거야. 둘 중 하나를 선택했을 때, 선택하지 않은 쪽, 그러니까 포기한 쪽의 가치를 **기회비용**이라고 부른단다. 만약 여러분이 피자를 선택했다면 치킨이 기회비용이 되고, 치킨을 선택했다면 피자가 기회비용이 되는 거지.

선택은 자유지만 모든 선택에는 결과가 따른다는 걸 잊지 말길. 내일 시험인데, 오늘 공부 대신 만화영화를 선택한다면 시험을 잘 볼 수 있을까? 엄마한테 1만 원을 일주일 용돈으로 받았는데, 그걸 모두 하루에 써 버린다면? 나머지 6일은 용돈 없이 살아야겠지.

선택이 중요한 또 하나의 이유는 자원이 부족하기 때문이야.

여러분은 게임기를 원하는 만큼 가질 수 있으면 좋겠다고 생각해 본 적이 있을 거야. 하지만 부모님은 원하는 만큼 용돈을 주지 않지. 사람의 욕망은 끝이 없지만 그것을 충족시켜 줄 자원은 부족해.

이것을 조금 어려운 말로 자원이 희소하다고 하지. '희소하다'는 것은 '매우 드물고 적다'라는 뜻이야. 자원의 희소성 때문에 우리는 늘 선택을 할 수밖에 없단다.

경제는 우리가 선택을 잘할 수 있게 도와주는 역할을 해. 선택을 해야 하는 상황에 놓일 때, 만족감이 높은 선택을 해야 나중에 후회가 없겠지?

예를 들어, 이번 달 용돈을 하루에 다 써 버리는 것보다는 계획을 세워서 매일 조금씩만 쓰는 거야. 이처럼 여러 가지 선택지 가운데 가장 합리적인 것을 고를 수 있도록 도와주는 것이 경제라고 보면 돼.

경제라는 말이 낯설고 어렵게 들리겠지만, 일상생활 하나하나를 살펴보면 모두 경제와 연관되어 있어. 엄마, 아빠가 직장에 다니거나 가게를 차려 돈을 벌고, 그 돈으로 물건을 사고 정부에 세금을 내는 것은 모두 경제활동이야. 온 가족이 주말에 여행을 가고 놀이동산에서 노는 것도 경제활동이고 좋아하는 간식을 사먹거나 공부하기 위해 책을 사는 활동도 모두 경제활동이란다.

은행에 매달 저금을 하고 있다면 그것 역시 경제활동이지. 여러분도 이미 많은 경제활동을 하고 있어. 우리는 마치 공기를 마시듯이 늘 경제 속에서 살고 있는 거야.

경제가 모두를 부자로 만들어 줄 수는 없어. 하지만 최소한 원하는 삶을 살도록 도와준단다. 예컨대, 심부름을 해서 용돈을 받았는데, 이걸로 아이스크림을 사먹을까 아니면 현금으로 가지고 있을까? 아니면 은행에 저축을 할까? 이런 고민을 어렵지 않게 해결해 주는 거야.

경제는 효율적이고 계획적으로 자신의 삶을 만들어 내고 미래를 준비하는 생활 습관을 기를 수 있게 해 주기

때문이지.

누구나 어른이 되어 멋지게 살고 싶을 거야. 예쁜 집을 지어서 강아지도 키우고, 여행도 다니고, 맛있는 음식도 먹고, 다른 나라에 가서 공부하겠다는 꿈을 꿀 수도 있지. 이렇게 더 나은 미래를 만들기 위해서는 경제를 알아야만 해.

이 책이 여러분에게 살아가는 동안 현명한 결정을 내리고, 밝은 미래를 만들 수 있도록 돕는 길잡이가 되었으면 해. 자, 그럼 지금부터 우리가 살아가는 데 꼭 필요한 경제 개념과 원리를 여러분 눈높이에서 쉽고 친근하게 풀어내 볼게. 우리 같이 경제 여행을 떠나 볼까? 출발~

1

우리가 살아가는 데 필요한 재화와 서비스

우리가 매일 생활하기 위해서는 여러 가지 물건이 필요해. 의식주라는 말 들어봤지? 입을 옷, 먹을 음식, 잠잘 곳은 인간이 살아가는 데 가장 기본적인 필수품이야.

공부를 하려면 뭐가 필요하지? 책과 학용품이 있어야겠지. 배드민턴을 하려면 라켓과 셔틀콕이 필요해. 이렇게 우리가 살아가는 데 필요한 물건을 재화라고 불러.

> 재화란 노트북이나 휴대 전화나 장난감, 옷, 신발, 책, 자전거 등 눈으로 볼 수 있고, 손으로 만질 수 있는 물건을 말해.

　재화는 한정되어 있고, 재화를 가지려면 비용을 내야만 해. 그래서 재화를 가지고 싶어 하는 사람은 많지만 모든 사람이 다 가질 수는 없어. 다이아몬드 반지는 매우 비싸서, 몇몇 사람들만 가질 수 있지.
　어떤 재화는 얻을 수는 있지만 충분하게 가질 수 없기도 해. 옷가게에서 롱패딩을 살 때, 우리는 한두 벌 정도만 사지. 여러분이 현재 신고 다니는 운동화도 몇 켤레일 거야. 운동화를 100켤레씩 사놓고 번갈아 신고 다니는 사람이 있을까? 그건 지나친 낭비겠지.

우리 생활에 재화만 필요한 건 아냐. 혹시 BTS콘서트에 가본 적 있어? 콘서트는 눈에 보이거나 손으로 만질 수 있는 게 아니라 눈과 귀로 음악을 즐기는 것이지. BTS 콘서트에 가려면 입장권이 필요해. 입장권은 돈을 주고 사야 한단다.

휴대 전화를 가지고 있니? 휴대 전화로 참 많은 것을 할 수 있어. 게임, 채팅, 영화 보기 등. 하지만 공짜는 아니지. 매달 휴대 전화 요금을 내야 다양한 서비스를 이용할 수 있어.

또 병원에 가면 의사 선생님으로부터 진료를 받아. 진료는 눈에 보이는 것은 아냐. 하지만 진료를 받으면 돈을 내야 해.

> 이와 같이 우리 생활에 편리함과 만족감을 주는 모든 행위를 <u>서비스</u>라고 부른단다.

서비스는 보거나 만질 수 없지만, 우리를 만족시키거나 필요를 충족시켜 주지.

모든 경제활동은 재화나 서비스와 연관돼 있어. 사람들은 재화나 서비스를 생산하거나, 사용하거나, 사고팔지. 주로 기업들이 재화나 서비스를 생산해. 생산된 재화나 서비스는 시장을 통해서 팔린단다.

우리는 한정된 소득을 얻기 때문에 모든 재화나 서비스를 다 살 수는 없어. 그래서 가진 돈으로 가장 큰 만족을 주는 재화나 서비스를 고르는 게 현명한 **경제적 선택**이지. 경제를 알면 선택할 때 현명하고 합리적인 판단을 내릴 수 있어.

정리해 볼까?

재화는 경제적 가치가 있는 것 중에서 형태가 있는 것이고 서비스는 경제적 가치가 있는 것 중에서 형태가 없는 것을 말하지. 우리가 주변에서 쉽게 볼 수 있는 물건과 건축물이 재화라고 할 수 있어. 그리고 선생님의 수업, 의사의 진료, 가수의 공연, 미용사의 머리 손질 등은 서비스라고 할 수 있지.

2

재화와 서비스를 사고파는 곳, 시장

어떤 친구가 내가 잘 가지고 놀지 않는 인형을 갖고 싶어 하고, 나는 그 친구가 가지고 놀지 않는 게임기를 갖고 싶어 한다면 어떻게 하는 것이 좋을까? 서로 바꾸면 만족도가 높아질 거야. 이것을 경제에서는 교환이라고 한단다.

시장이 없었던 먼 옛날에는 자급자족으로 각자 필요한 물건을 생산해 사용했어. 하지만 사회가 발달하면서 사람들은 바라는 게 많아졌지. 소를 키우는 사람은 물고기가 먹고 싶어졌고, 물고기를 잡는 어부는 소고기가 먹고 싶어졌어.

또 기술이 발달해 전보다 더 많은 양의 물건을 빠르게 생산해 낼 수 있게 되었어. 그러면서 사람들은 필요한 물건을 얻기 위해 자신이 가지고 있던 물건과 다른 사람이 가지고 있는 물건을 바꾸게 되었지.

화폐가 등장하기 전에는 서로 물건을 교환하면서 경제 생활을 했어. 예를 들어, 토마토를 키우는 사람은 쌀이 필요할 것이고, 쌀농사를 짓는 사람은 토마토가 필요할 거야. 그래서 쌀 농사꾼과 토마토 농사꾼이 서로 원하는

것을 바꿔서 먹었지. 옷을 만드는 사람과 신발을 만드는 사람도 교환을 통해서 필요한 것을 얻었어.

하지만 직접 물건을 교환하는 것은 번거롭고 힘들어.

쌀 한 자루와 감자 한 바구니를 서로 맞바꾼다고 생각해 봐. 먼저, 만날 시간과 장소를 정해야 해. 그리고 쌀과 감자를 그 장소로 옮겨야 하지. 교환한 다음에는 얻은 물

건을 집으로 가져와야 하고. 이래저래 힘들겠지?

요즘에도 교환을 통해 필요한 물건을 얻는 사람들이 있기는 하지만 많지는 않아. 그렇다면 우리는 어떻게 필요한 물건을 얻고 있을까? 너무 쉬운 질문이라고? 맞아, 시장에 가면 돼. 시장에 가면 우리가 원하는 것을 모두 찾을 수 있어.

시장은 여러 가지 물건을 쉽게 사고팔 수 있게 만든 곳이야. <u>상인</u>은 물건을 팔고 <u>소비자</u>는 물건을 사지. 시장은 아주 오래 전부터 있었던 재래시장도 있고, 큰 건물로 된 마트 같은 시장도 있어.

전자 제품을 사려면, 어디로 가지? 딩동, 전자 제품을 전문적으로 파는 시장으로 가면 돼. 서울 동대문이나 남대문에 가면 옷을 파는 시장이 많고 과일, 채소 등 농산물만 전문으로 파는 시장도 있어. 물론 노량진 수산시장처럼 해산물을 사고파는 곳도 있지.

> 시장은 물건을 사고파는 모든 곳을 가리키는 말이야.

백화점이나 할인점은 물론이고, 슈퍼마켓, 편의점, 문구점, 자동차 판매점, 주유소, 문방구, 피자 가게, 빵집, 식당 등도 거래가 이루어지는 곳이기 때문에 시장이라 할 수 있어.

지금까지 설명한 시장은 모두 특정한 장소를 가리켰어. 눈에 보이는 시장이지. 하지만 직접 가지 않아도 되는, 눈에 보이지 않는 시장도 많아.

인터넷 쇼핑몰을 이용하면 집에서 편하게 물건을 주문할 수 있어. 휴대 전화로 몇 번만 클릭하면 원하는 물건을 쉽게 고를 수 있단다. 주문한 물건은 배송 담당자가 집으로 배달해 주지.

 아빠, 엄마가 TV홈쇼핑을 통해 필요한 물건을 사는 것도 많이 봤을 거야. 물건은 택배를 통해서 받으면 돼. 이렇게 전화를 걸어 물건을 주문하는 시장도 있단다.

생각했던 것보다 시장의 종류가 다양하지?

 여기서 잠깐. 머리를 깎고 싶을 땐 어느 시장으로 가야 하지? 미용실이나 이발소로 가면 돼. 그런데 미용실에서는 물건을 팔지 않아. 대신 미용사가 머리를 잘라 주고 우리는 돈을 낸단다.

앞에서 이미 설명했지? 사람들에게 도움이나 즐거움을 주는 활동이 서비스라고. 우리 주변에는 서비스를 사고파는 시장들도 많단다.

영화관은 어때? 영화관에서 뭘 살까? 영화를 볼 수 있는 입장권을 사지. 이 입장권은 우리가 사용하거나 먹는 게 아냐. 영화를 볼 수 있는 기회를 사는 것이지. 영화는 우리가 만질 수는 없지만, 우리에게 즐거움을 줘. 즉 영화관은 물건 대신 영화라는 서비스를 파는 곳이야.

예를 하나 더 들어볼까? 병원에서 우리는 뭘 살까? 금방 답이 나오지. 의사의 진료라는 서비스를 산단다.

> 미용실이나 영화관, 병원 등은
> 서비스를 사고파는 시장이라고 불러.

정리해 볼까? 시장은 물건이나 서비스를 사고파는 곳이야. 그리고 시장은 재래시장처럼 특정한 장소를 가리

키기도 하지만, 인터넷 쇼핑몰처럼 가상의 장소를 통해 존재할 수도 있어.

 결국, 시장은 장소에 상관없이 물건과 서비스의 거래가 이루어지는 모든 곳이라고 할 수 있지.

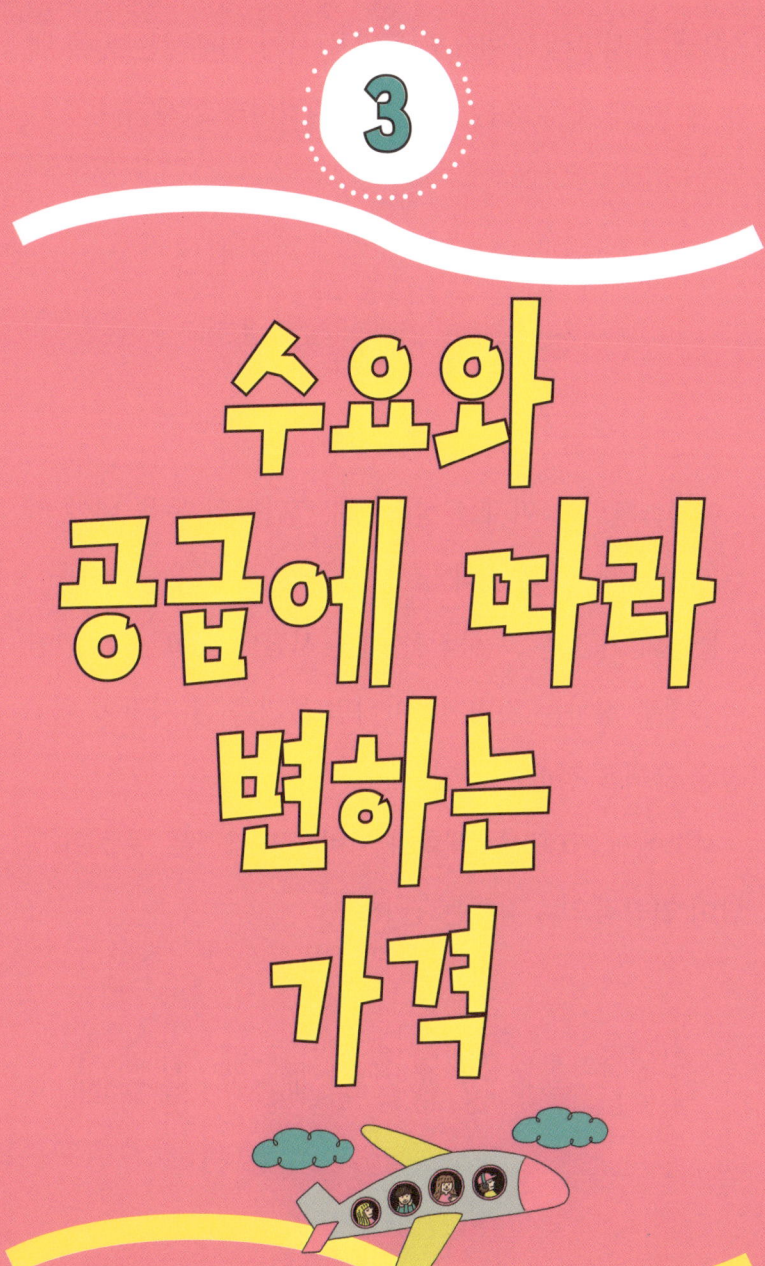

3

수요와 공급에 따라 변하는 가격

우리가 시장에서 필요한 물건을 사기 위해서는 돈을 내야 해. 이때 내야 하는 돈의 양을 가격이라고 하지.

그렇다면 상품의 가격은 어떻게 정해질까?

아이스크림과 피자를 살 때 왜 그만큼의 돈을 내야 하는지 생각해 본 적 있니?

물건의 가격은 그 물건을 만든 사람이 받고 싶은 만큼 마음대로 정하는 것일까? 아니면 물건을 살 사람이 내고 싶은 금액을 정하는 것일까?

시장에서 거래되는 재화나 서비스의 가격은 누구 한 사람이 일방적으로 정하는 건 아냐.

가격은 수요와 공급에 따라 결정돼.

수요는 뭐고, 또 공급은 뭐냐고? 약간 어려울 수도 있는데, 차근차근 설명할 테니 따라와 봐.

> 수요란 어떤 상품을 일정한 가격에 구입하고자 하는 마음이고 공급이란 어떤 상품을 일정한 가격에 팔려고 하는 마음이지.

예를 들어 볼게. 시장에서 상인이 사과를 팔 때 소비자가 사과 한 상자에 5만 원을 낼 수 있다고 생각하고 상인도 5만 원에 팔 계획이라면, 수요와 공급이 맞아떨어지는 거야. 그래서 거래가 이뤄지는 거지.

그런데 소비자는 사과 한 상자에 5만 원이 적절하다고 생각하는데, 상인이 최소 6만 원을 받아야 한다고 고집하면 어떨까? 거래가 이뤄질 수 없지. 수요와 공급이 일치하지 않기 때문이지.

그렇다면 물건의 가격은 늘 똑같을까? 그렇지 않아. 2

년 전 짜장면과 지금의 짜장면 가격은 다르지. 엄마가 시장에 갔다 오면, "아유, 물건 값이 많이 올랐어."라며 한숨을 쉬는 걸 가끔 들어봤을 거야.

상품의 가격은 오르락내리락 해.

왜냐하면 수요와 공급이 변하기 때문이지. 고등어를 사려는 사람들이 많아지게 되면 고등어 가격이 올라. 반대의 경우에는 가격이 내려가고.

어떤 상품의 수요가 늘었다는 것은 그 상품을 사려는 사람들이 더 많아졌다는 뜻이야. 반대로 수요가 줄었다는 것은 그 상품을 사려는 사람들이 더 적어졌다는 뜻이고.

> 수요가 늘어나면 가격은 오르게 되고,
> 수요가 줄어들면 가격은 떨어져.

    설이나 추석과 같은 명절을 앞두고 과일과 생선의 가격이 평소보다 올랐다는 뉴스를 본 적이 있을 거야.
    이러한 현상은 명절 음식을 차리기 위해 보통 때보다 많은 사람들이 과일과 생선을 사려고 하기 때문에 일어

난 거야. 과일과 생선의 양은 평소와 비슷한데 이것을 사려는 사람들이 많아지면 가격은 높아질 수밖에 없어.

<u>한정된</u> 과일과 생선을 두고 소비자들이 경쟁을 해야 하기 때문이지.

항공권 값은 계절에 따라 차이가 많이 나. 여름 휴가철에 훨씬 비싸지. 왜일까? 사람들이 너도나도 비행기 타고 휴가를 가고 싶어 하기 때문이야. 수요가 많은 거지. 따라서 여름 휴가철에 비행기를 타려면 비싼 값을 내야 한단다.

> 가격은 공급량에 따라서도 변해.

사과 농사가 잘 되어 보통 때보다 많은 양의 사과가 시장에 나온다면, 사과의 가격이 낮아질 거야. 흉년이 들어 쌀 생산이 줄어들면 가격이 오르고, 반대로 풍년이 들어 생산이 늘면 쌀 가격이 떨어지지.

공급이 늘어났다는 것은 판매할 물건이 시장에 더 많이 나왔다는 뜻이고, 공급이 줄어들었다는 것은 판매할 물건이 더 적어졌다는 뜻이야.

이처럼, 상품의 가격은 수요와 공급에 크게 영향을 받아.

> 경제학에서는
> '수요와 공급에 따라 가격이 결정된다'고
> 설명한단다.

만약 가격을 결정하는 수요와 공급을 무시한 채, 어떤 한 사람이나 정부가 시장에서 거래되는 재화나 서비스의 가격을 정하게 된다면 어떻게 될까? 시장에서 직접 거래를 하는 공급자나 수요자는 큰 불만이 생길 거야.

정부나 택시 협회가 택시비를 갑자기 올린다고 생각해 보자. 이럴 경우 택시 기사나 택시 회사들은 좋아하겠지. 같은 일을 해서 돈을 더 벌 수 있으니. 하지만, 택시 서비스를 이용하는 사람들의 불만은 커질 거야.

반대로 정부나 택시 협회가 택시비를 갑작스럽게 내린다면 어떨까? 택시를 자주 이용하는 사람들은 환호하겠지만 택시 회사나 택시 기사들은 억울할 거야. 같은 시간 일을 해도 수입은 더 적으니 불만이 생길 수밖에.

의사 단체가 진료비를 지나치게 높이면, 사람들이 몸이 아파도 병원비가 없어서 못 갈 수 있지. 진료비를 지나치게 낮추면, 조금만 아파도 병원에 가는 사람들 때문에 정작 큰 병을 가진 환자들의 병원 이용이 불편해질 수 있어.

이처럼 누군가 마음대로 재화나 서비스의 가격을 결정

했을 때는 사회적으로 큰 문제가 발생할 수 있어. 따라서 재화나 서비스의 가격은 누군가가 마음대로 정하는 것이 아니라, 수요와 공급에 의해 자연스럽게 결정되어야 한단다.

물건과 서비스를 만드는 생산

사람들의 생활에 필요한 물건이나 서비스를 만들어 내는 것을 생산이라고 해. 생산을 하려면 어떤 것들이 필요할까? **토지**(자연 자원), **노동**(인적 자원), **자본**(물적 자원), **기업가의 경영 능력** 등이 필요해.

이것을 '생산 요소'라고 해.

예를 들어 과자를 생산하는 기업의 경우, 공장을 지을 땅(토지), 공장에서 일할 사람(노동) 그리고 공장을 짓고 기계와 재료 등을 사는 데 필요한 돈(자본)이 필요해. 또한 생산 요소를 잘 관리할 수 있는 능력, 즉 기업가의 경영 능력도 필요하지.

생산 활동은 눈에 보이는 물건을 만드는 것만을 말하는 건 아냐. 선생님이 아이들을 가르치는 것, 야구선수가 야구 경기를 하는 것, 화가가 그림을 그리는 것, 가수가 노래하는 것, 의사 선생님이 환자를 치료하는 것 등도 생산 활동에 포함돼.

생산 활동은 무엇을 생산하느냐에 따라 크게 세 가지로 구분할 수 있어.

첫 번째는 자연에서 재화를 직접 얻는 생산 활동이야. 농업, 어업, 임업 등을 예로 들 수 있지. 농부는 땅에서 곡물을 키우고, 어부는 바다나 강에서 물고기를 잡아. 산에 사는 사람들은 버섯이나 약초를 키우고 나무를 팔아서 돈을 번단다. 이와 같은 생산 활동을 1차 산업이라고 불러.

두 번째는 우리 생활에 필요한 것을 만들어 내는 생산 활동이야. 공장을 세워 필요한 여러 가지 물건을 만드는

  제조업, 아파트 등 건물을 짓는 건설업 등을 예로 들 수 있지. 이를 2차 산업이라고 부른단다.

  마지막으로 사람들에게 즐거움, 만족감, 편리함을 주는 생산 활동이 있어. 은행, 보험이나 공연, 택배, 학원, 병원 등을 예로 들 수 있지. 이것은 3차 산업이라고 해.

  고려시대나 조선시대에는 대부분의 사람들이 1차 산업에 종사했어. 자연에서 직접 재화를 얻는 생산을 했지. 근대화가 이루어지면서 도시가 생기고 높은 건물들이 올라가기 시작하자, 제조업과 건축업 등 2차 산업이 빠르게 성장했어.

경제가 크게 발전한 오늘날에는 사람들에게 즐거움과 만족감을 주는 3차 산업의 비중이 크게 높아지고 있지.

한편 생산 활동을 하는 기업들은 생산성을 높이기 위해 노력해야 해.

> 생산성이란 얼마만큼 효율적으로 재화나 서비스를 생산하는지를 가리키는 말이야.

생산성이 높은 기업일수록 같은 양의 물건을 생산하는 데 더 적은 비용이 들어가기 때문에 다른 기업들과의 경쟁에서 유리해.

이런 이유로 많은 기업들이 생산성을 높이기 위해 새로운 장비나 시설을 마련하고 새로운 기술을 개발하지. 또 생산한 제품의 판매를 늘리기 위해 여러 가지 방법을 쓴단다.

어느 동네에 치킨 가게가 여러 개 있다고 생각해 보자. 동네 주민들을 자신의 치킨 가게로 모을 수 있는 방법이 뭐가 있을까?

우선 전단지를 만들어 돌릴 수 있을 거야. 우리 가게에서 만드는 치킨이 아주 맛있다고 소문을 내는 방법이지. 또 사람들의 입맛을 사로잡는 새로운 치킨 소스를 개발하는 것도 좋은 전략이지.

가게 앞을 지나가는 사람들에게 맛보라며 작은 치킨 조각을 나눠줄 수도 있어. 대형마트의 시식 행사를 떠올려 봐. 시식을 해 보고, 맛있으면 사게 되잖아?

가격을 내리는 방법도 있어. 치킨 한 마리 가격에 두 마리를 준다면 손님이 몰릴 거야.

이와 같이 기업은 소비자에게 선택받기 위해 여러 가지 노력을 한단다.

이것을 '경쟁'이라고 불러.

기업들 간의 경쟁은 소비자에게 좋은 일이야. 기업들이 경쟁할수록 소비자는 질 좋은 물건을 더 싸게 살 수 있을 뿐 아니라 더욱 친절한 서비스를 받을 수 있으니까.

경쟁은 장기적으로 나라의 경제발전에도 도움을 줘. 경쟁을 통해서 새로운 기술 발전이 이루어지고, 이 과정에서 고급 인재들을 더 많이 채용할 수 있기 때문이지. 또 질 좋고 값싼 상품을 만들어 수출하면 외화도 벌어들일 수 있어.

우리나라에서 만든 자동차, 반도체, 선박, 텔레비전, 라면 등은 다른 나라 사람들도 좋아해서, 수출로 많은 외화를 벌어들이고 있단다.

5

합리적 선택이 중요한 소비

흔히 '소비'라고 하면 '써서 없앤다'는 부정적인 의미를 떠올리곤 하지. 돈을 필요 없는 곳에 쓰거나 헤프게 쓴다는 뜻으로 종종 사용되니까. 하지만 경제에서의 소비는 부정적인 뜻을 가지는 건 아냐.

> 소비란 '사람들이 필요한 것과 가지고 싶은 욕구를 충족시키기 위해 시장에서 재화나 서비스를 사용하는 경제활동'이야.

부모님이 새 집을 사는 것은 큰 규모의 소비라고 할 수 있어. 반면 옷이나 간식을 사는 것은 작은 규모의 소비 행위이지. 학원에서 수업을 듣고, 병원에서 진료를 받고, 해외여행을 하고, 문화생활을 즐기는 모든 행위는 소비야.

그러면 소비 행위는 누가 할까?

소비의 주체는 가정이야.

각 가정에서 필요한 재화나 서비스를 사는 거지. 빨래를 하기 위해 세탁기를 사고 밥을 먹기 위해 쌀을 사는 것처럼. 그렇다면 소비를 하기 위해서는 뭐가 필요할까? 소득이 있어야 한단다. 소득은 여러 가지 방법으로 얻을 수 있어.

부모님이 회사를 다닌다면 노동의 대가로 **임금**을 받아. 부모님이 기업을 운영한다면 **이윤**을 얻지. 농사를 짓는다면 농산물을 팔아서 **수익**을 얻을 수 있어. 또한 건물을 가지고 있다면 그 건물을 다른 사람들에게 빌려 주고 **임대료**를 받을 수 있고, 주식에 투자를 해서 **이득**을 얻기도 해. 이런 소득이 모여서 우리 가족이 소비를 할 수 있게 해 준단다.

우리가 벌어들인 돈을 어디에 어떻게 쓸 것인지는 여러 가지 요인에 따라 달라져. 예컨대, 사람들마다 취미에 따라서 소비하는 모습이 다르겠지. 축구를 좋아한다면 축

구화, 축구복, 축구 양말 등을 사는 데 많은 돈을 쓸 거야. 음악 팬이라면 음원을 사거나 콘서트에 가는 데 쓰는 돈을 아까워하지 않겠지? 하지만 음악 팬이 축구화를 사는 데는 큰돈을 쓰지 않을 거야.

소득이 많은 사람과 적은 사람 간에 소비도 달라. 대체로 소득수준이 낮으면, **생필품**(식료품··옷·의약품 등)을 사는 데 많은 돈을 쓰지. 한국전쟁 이후 우리나라가 어렵던 시절, 사람들은 먹고사는 것에 대부분의 돈을 썼고 음악회나 해외여행 등은 꿈도 못 꿨지.

경제가 성장하고 소득수준이 높아지면서 사람들은 삶의 질을 높이는 소비를 하게 되었어. 좋은 자동차나 값비싼 디지털 제품을 사거나, 다른 나라로 여행을 가고, 주말엔 공연을 보러 가기도 하지.

최근 유행하고 있는 '웰빙(well-being)'에 대해 들어봤을 거야. 웰빙은 안녕, 행복, 복지 등을 뜻하는 말이야. 소득이 올라가면서 먹고 입는 것보다 행복을 추구하는 소비 성향이 나타나는데 특히 건강·레저·교육·문화 분야의 서비스 소비가 늘어나지.

귀족 스포츠라고 불렸던 골프는 이제 국민 스포츠라 불릴 정도로 많은 사람들이 즐기고 있어. 우리나라가 잘 살기 때문에 가능한 일이야.

소비가 우리나라 경제에서 차지하는 비중은 매우 커. 2022년 민간소비가 국내총생산(GDP)에서 차지하는 비중이 약 48%나 되거든. 즉 소비가 나라 경제에 큰 영향을 미친다고 할 수 있어.

저축과 소비의 관계

여기서 잠깐 <u>저축</u> 얘기를 해 볼까? 저축은 알 수 없는 미래에 대비하기 위해 자신이 번 돈을 모아두는 것을 말해. 소비와는 반대 성격을 갖고 있지.

저축하면 예상하지 못한 사고를 당하거나 병이 들어 돈이 필요할 때 사용할 수 있어. 일자리를 잃거나 나이가 들어 일을 못하게 될 때에도 요긴하지. 집이나 자동차 등 큰돈이 들어가는 물건을 살 때도 많은 도움이 된단다.

개인이 은행에 저축한 돈은 기업이 빌려가서 투자를 해.

기업은 생산에 필요한 공장을 짓거나 새로운 기술을 개발하는 데 많은 돈이 필요하기 때문이지. 기업이 은행에서 빌린 돈으로 시설에 투자해 질 좋은 물건을 더 많이 생산하게 되면 일자리와 소득이 늘어나게 돼. 우리나라가 짧은 기간에 눈부신 경제성장을 이룬 데는 국민들의 저축이 밑거름이 되었다고 할 수 있어.

그러나 저축만 하고 소비를 전혀 하지 않는 것도 문제야. 소비가 없으면, 기업이 생산한 물건이 팔리지 않을 거야. 판매가 줄어들면 기업은 돈을 벌 수 없지. 그러면 직원들을 내보낼 수밖에 없어. 실업자가 늘어나면 사회 전체의 소득이 감소하고 소비는 더욱 줄어들고 말아.

저축은 미덕이야. 하지만 소비 역시 우리 경제에 꼭 필요해. 따라서 지나치게 아끼기보다는 각 가정의 소득 수준에 맞게 적절하게 쓰면서 사는 게 경제에 도움이 되는 거야.

합리적인 소비습관 만들기

 돈을 무조건 아끼거나 필요 이상으로 낭비하는 것은 경제 전체에 나쁜 영향을 미칠 수 있다는 사실을 이제 이해할 수 있지?

그래서 중요한 것이 합리적인 소비야.

 합리적 소비란 돈의 씀씀이에 대한 계획을 미리 세워 불필요한 낭비를 막고 필요한 곳에 쓰는 것이라고 할 수 있어. 합리적인 소비습관을 기르려면 어떻게 해야 할까? 가장 쉬운 방법 가운데 하나는 용돈기입장 쓰기야.

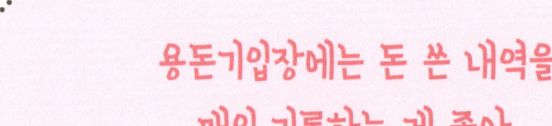

용돈기입장에는 돈 쓴 내역을
매일 기록하는 게 좋아.

    한 주 또는 한 달 단위로 내가 쓴 돈을 확인해 보고, 앞으로의 계획을 세우다 보면 돈의 중요성도 깨달을 수 있고 경제 관념이 생기지. 어릴 때 용돈기입장을 기록하는 습관은 어른이 되면 가계부를 꼼꼼히 작성하는 습관으로 이어질 수 있어.

    참고로, 세계적인 부자들은 어렸을 때부터 용돈기입장을 적어가며 돈을 관리하는 법을 배웠다고 해. 억만장자이자 2023년 전 세계 8위의 부자로 이름을 올린 멕시코 통신 회장 카를로스 슬림은 어렸을 때 사탕 한 알 사먹은 것까지 아버지가 용돈기입장에 모두 적도록 가르쳤다고 알려져 있어. 정말 대단하지?

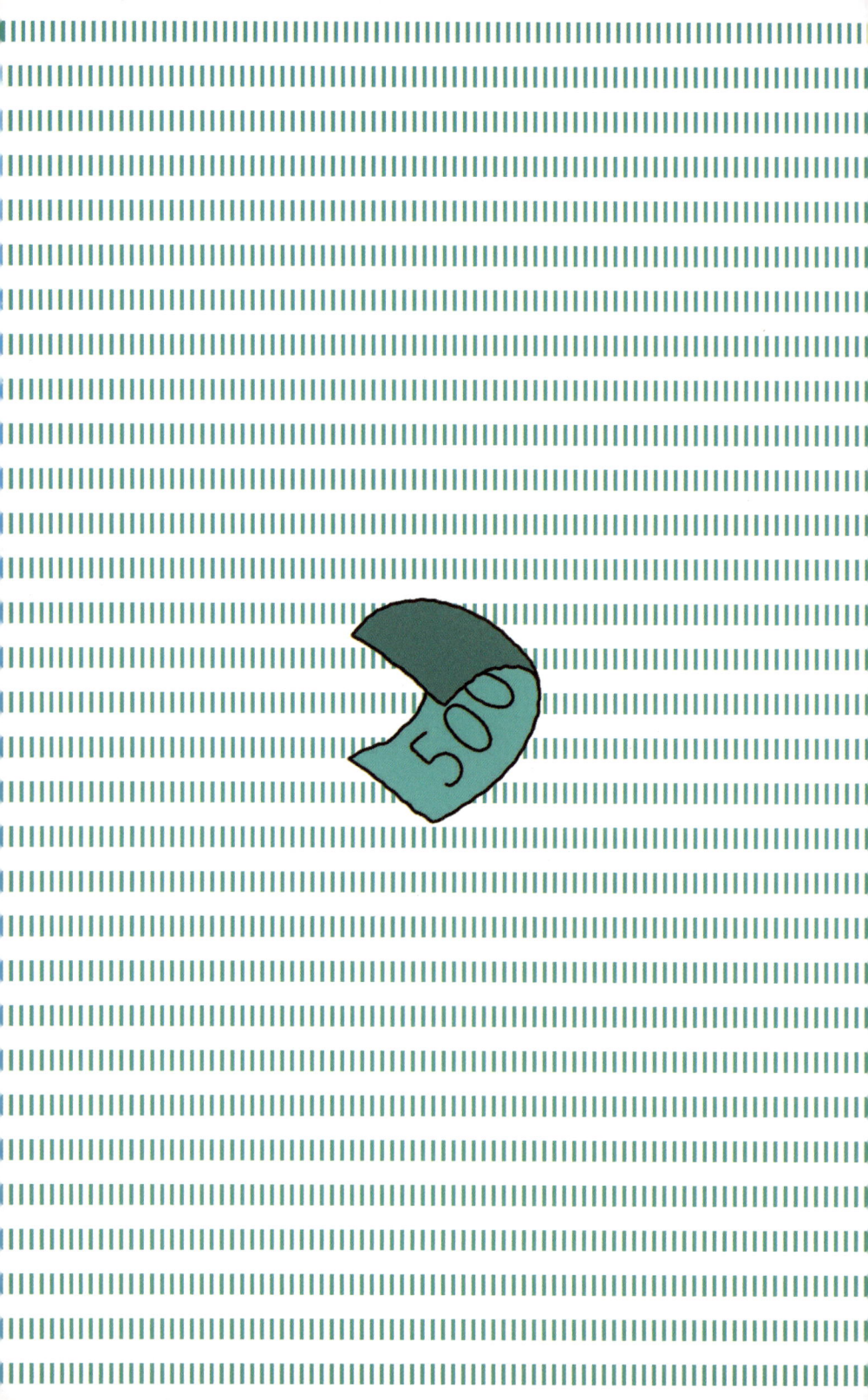

6

화페의 역할

지금까지 재화와 서비스, 재화와 서비스를 사고팔 수 있는 시장 그리고 시장에서 재화와 서비스 가격이 어떻게 결정되는지 배웠어. 이제 재화와 서비스를 사기 위해 필요한 게 뭔지 생각해 보자.

과자가 먹고 싶다면 뭐가 있어야 할까? 옷이나 학용품을 살 때도 필요한 것은? 그래, 바로 돈이야. 우리는 어떤 물건의 가치에 적합한 돈을 지불하고 필요한 물건을 구하지. 이처럼 돈은 우리 생활에 필요한 물건을 얻게 해 주는 꼭 필요한 도구야. 만약 돈이 없다면? 우리 생활은 매우 불편할 거야.

먼 옛날 사람들은 필요한 물건을 어떻게 얻었을까?

옛날에는 물건과 물건을 맞바꿨어. 사과를 재배하는 사람들은 벼농사를 짓는 사람들과 사과와 쌀을 교환했지. 이것을 **물물교환**이라고 해. 물물교환이란 물건과 물건을 바꾼다는 뜻이야.

그런데 물물교환은 여러 가지로 불편해. 필요한 물건을 가진 사람들을 찾는 게 쉬운 일이 아냐. 내가 원하는 물건을 가진 사람을 찾았더라도 얼마만큼의 양으로 서로 바꿀지도 결정해야 하거든.

이런 불편 때문에 탄생한 것이 물품화폐야.

물품화폐는 가장 높은 가치를 지니면서 많이 쓰는 것으로 사용했어. 소금, 조개껍데기, 곡물 등이지. 하지만 이것은 저장하기 힘들고 서로 어느 정도의 양을 주고받아야 공평한지 정확하게 따지기가 어려웠어.

그래서 생겨난 것이 저울에 무게를 달아 사용하는 금속화폐야. 금화라고 들어봤지? 금이나 은으로 만든 화폐인 금속화폐는 가지고 다니기도 편리했고, 정확하게 무게를 달 수 있어서 공평하게 거래를 할 수 있게 해 주었지.

하지만 금속화폐에도 문제가 있었어. 귀금속 가공 기술이 발달하면서 가짜 금과 은이 늘어난 거야. 진짜와 구별하기 힘든 가짜화폐가 생겨난 거지.

이런 문제를 없애기 위해 <mark>주조화폐</mark>가 등장했어. 주조화폐란 일정한 양의 금속을 녹여서 지금의 동전과 같은 형태로 만든 거야. 사극에서 엽전을 본 적이 있지? 엽전은 조선시대에 사용했던 주조화폐야.

오늘날 우리가 사용하는 돈은 동전과 지폐, 두 가지야. 지폐는 종이가 아니라 100% 순수 면섬유를 겹쳐서 만든 거야. 면섬유는 종이보다 강하고 질겨서 잘 찢어지지 않아.

지폐에는 홀로그램이 입혀져 있기도 해. 홀로그램은 보는 각도에 따라 무늬와 색상이 변하도록 하는 얇은 특수 필름이야. 5만 원권 지폐를 기울여 보면 보는 각도에 따라서 우리나라 지도, 4괘의 세 가지 무늬가 번갈아 나타나고, 그 사이에 세로로 표시된 숫자 50000을 확인할 수 있지.

사회가 복잡해지고 발전하면서 돈의 기능과 역할을 대

신하는 새로운 것들이 등장하고 있어. 지금은 신용카드, 전자화폐, e머니, 가상화폐 등도 물건을 사고팔 때 쓰이고 있지.

돈은 누가 만들어 낼까?

돈은 그 자체가 가격이 나가는 건 아냐. 5만 원짜리 지폐가 실제로 5만 원의 가치가 있는 건 아니지. 하지만 우리 모두는 5만 원짜리 지폐가 5만 원의 가치가 있다고 믿고 있지. 그래서 돈은 **사회적 약속**이야. 따라서 아무나 돈을 만들어서는 안 되고, 아무나 돈을 만들 수도 없지.

그럼 누가 돈을 만들어 내는 역할을 하고 있을까?

우리나라에서 돈을 만들 수 있는 권한은 **한국은행**에만 있어. 한국은행의 또 다른 이름은 **중앙은행**이야. 중앙은행이란 시중의 많은 은행들의 은행으로서, 돈을 어떤 모양으로 만들어 낼지, 얼마나 만들어 낼지 결정하고, 기준 금리를 조절하며, 환율을 관리하지. 또 시중 은행들의 돈을 맡아주거나 빌려주는 등의 일도 한단다.

돈은 태어나서 죽는 과정을 거쳐. 무슨 말이냐고? 먼저 돈이 필요하다고 생각하면, 한국은행이 한국조폐공사에 주문을 넣어. 주문한 돈이 들어오면, 한국은행은 은행을 통해 시중에 내보내지. 사람들은 은행에서 돈을 찾아 물건을 사고, 돈은 다시 여러 사람들의 손을 거친 뒤 일반 은행을 통해 고향인 한국은행으로 돌아가게 된단다.

한국은행은 시중에 내보냈다가 다시 돌아온 돈 중 사용할 수 있는 돈은 다시 내보내지만 못 쓰게 망가진 돈은 폐기해 버리지. 이렇게 돈은 여러 단계를 거치며 우리 생활에 이용되고 있어.

돈은 세금으로 만들어. 따라서 한국은행에서 망가진 돈을 많이 버리게 되면, 세금도 낭비되는 거지. 돈을 소중하게 다뤄야 하는 이유를 알겠지?

나라마다 다른 돈의 이름

우리에게 각자 이름이 있듯이, 돈에도 나라마다 이름이 있어. 우리나라의 돈은 '둥글다'는 뜻으로 '원'이라고 불러.

세계에서 잘 사는 나라 가운데 하나인 미국의 돈의 단위는 뭘까? 바로 달러야. 미국과 더불어 세계 강국으로

떠오르고 있는 중국의 돈의 단위는 위안이고 일본은 엔이라는 단위를 쓰고 있지.

한 나라가 아니라 한 대륙에서 공통으로 사용되는 돈도 있단다. 유럽연합(EU)의 공식 통화인 유로화야. 유로는 유럽연합 20개 회원국과 바티칸, 모나코 등 몇몇 비회원국에서 사용되고 있어. 현재 유로는 미국 달러, 일본 엔화와 함께 세계에서 가장 영향력 있고 많이 거래되는 돈이란다.

여기서 질문!

> 모든 나라가 같은 단위를 이용하면 편리할 텐데, 왜 서로 다른 단위를 사용하는 것일까?

그 이유는 나라마다 경제 상황과 구조가 다르기 때문이야. 각 나라의 처지에 맞는 화폐를 사용하는 것이 효율적이기 때문이지.

다른 나라의 화폐 단위

나라	돈 이름(화폐 단위)	돈 기호
미국	달러	$ 또는 US$
일본	엔	¥
중국	위안	¥ 또는 ¥
영국	파운드	£ 또는 £
유럽	유로	€
캐나다	캐나다 달러	CA$ 또는 C$
호주	호주 달러	AU$ 또는 A$
브라질	헤알	R$
러시아	루블	RUB
인도	루피	Rs
베트남	동	₫
라오스	킵	₭
칠레	페소	$
덴마크	크로네	kr
스리랑카	루피	Rs
말레이시아	링깃	RM

1

돈을 빌리고 이용하는 금융

돈이 우리 생활에 얼마나 중요한지 잘 알겠지? 버스를 탈 때도, 학용품을 살 때도 돈이 없으면 안 돼. 부모님이 새 차를 사거나 집을 살 때도 돈이 필요하지. 만약 돈이 부족하다면 어떻게 해야 할까? 누군가로부터 빌려야 할 거야.

필요한 사람들에게 돈을 빌려주는 것을 <u>금융</u>이라고 해. 우리 주변에는 많은 금융기관이 있지. 은행, 농협, 우체국, 새마을금고, 보험회사, 증권회사 등등. 금융기관은 기본적으로 돈을 맡긴 사람들에게는 이자를 주고, 돈이 필요한 사람들에게는 이자를 받고 돈을 빌려주는 일을 해.

> 금융기관은 상점에서 물건을 사고팔듯이
> 돈을 사고파는 일을 하는 거야.

예를 들어볼까? 1억 원의 여윳돈이 있는 철수와 공장

설비를 늘리기 위해 1억 원이 필요한 서진이가 있다고 해 보자.

만약 이 두 사람이 아는 사이라면 서로 만나서 돈을 빌리고 빌려주면 되겠지. 하지만 서로 모르는 사이라면? 그리고 서로 멀리 떨어져 살고 있다면? 돈을 빌리고 빌려주는 것이 어렵겠지?

그래서 철수와 서진이 사이에 금융기관이 존재하는 거야. 금융기관이 둘 사이를 중개하는 일을 하면서 철수에게는 돈을 맡긴 대가로 이자를 주고, 서진에게는 공장 설비를 구입할 수 있는 자금을 빌려주는 것이지.

> 금융기관은 돈을 어떤 방법으로 사고파느냐에 따라 은행과 보험회사, 증권회사 등으로 나눌 수 있어.

금융기관 중 대표적인 곳이 은행이야. 돈의 여유가 있

는 사람은 은행에 돈을 맡기고 나중에 원금과 이자를 찾아가지. 자신의 돈을 빌려주고 그 대가로 이자를 받는 셈이야.

반대로 돈이 부족한 사람은 은행에서 돈을 빌리고 나중에 빌린 돈에 이자를 붙여서 갚아. 이자를 지불하고 돈을 샀다고 할 수 있지. 이처럼 은행은 돈의 여유가 있는 사람과 돈이 필요한 사람의 중간에서 이들을 이어 주는 역할을 한다고 보면 돼.

<u>보험회사</u>도 돈을 사고파는 것은 비슷하지만 은행과는 방법이 조금 달라. 사람들이 보험회사에 보험료를 내고 보험에 가입하면 만일에 생길 수 있는 사고에 대해 보장을 받아. 보험회사는 고객들로부터 받은 돈을 필요한 사람들에게 빌려주면서 이자를 받지.

<u>증권회사</u>는 주식을 살 수 있는 곳이야. 기업은 증권회사를 통해 주식을 팔아서 필요한 돈을 마련해. 증권회사의 중개로 주식을 사는 사람의 돈이 주식을 판 기업으로 흘러가는 것이지. 주식을 산 사람은 은행에서 이자를 받는 것처럼 <u>배당금</u>을 받을 수 있어. 또 주식가격이 오르면 그

만큼 이익을 얻을 수 있고.

　우리 경제에서 금융기관은 매우 중요한 역할을 하고 있어. 만약 기업이 생산을 하는 데 필요한 자금을 은행에서 빌릴 수 없다면 어떻게 될까?

　생산을 제대로 할 수 없어 경제는 매우 어려워질 거야. 기업은 금융기관을 통해서 필요한 자금을 빌려 생산에 필요한 여러 가지 시설을 마련하고 질 좋은 상품을 개발할 수 있단다.

　또 금융기관은 여윳돈이 있는 사람과 돈이 부족한 사람을 연결해서, 돈이 필요한 개인들에게 도움을 주지. 금융은 이처럼 우리 경제에 꼭 필요한 제도야.

예금과 적금

　예금과 적금의 차이를 알고 있니? 목표 금액을 정해 놓고 이를 위해 일정 기간 동안 꾸준히 돈을 모으는 것은 적금이라고 해. 예를 들어 매달 10만 원을 넣어서 1년 뒤

120만 원과 이자를 찾는다면 이것은 적금이야.

<u>예금</u>은 일정한 돈을 나중에 사용하기 위해 은행에 맡겨 놓고 이자를 받는 것을 말해. 예금은 목적에 따라 보통 예금, 당좌예금, 정기예금 등으로 나눌 수 있어.

보통 예금은 아무 때나 입금하고 필요할 때 찾을 수 있는 예금이야. 은행이 열려 있다면 언제든지 이용할 수 있고 업무시간 외에도 현금자동인출기나 온라인뱅킹으로 거래를 할 수 있지. 처음 통장을 만든다면 보통 예금 통장이 가장 무난해.

당좌예금은 주로 기업 간의 거래에서 이용되지. 기업들이 은행에서 돈을 넣거나 뺄 때 유용하단다.

정기예금은 목돈을 정해진 기간만큼 은행에 맡겨두는 것을 말해. 만약, 100만 원을 은행에 넣어놓았다가 1년 뒤에 원금과 이자를 합해서 찾는다면 정기예금이야.

이자는 어떻게 생기는 걸까?

돈이 돈을 낳는다는 말을 들어봤니? 돈을 은행에 저축하면 그 돈에 대해서 <u>이자</u>가 생겨. 이자는 돈의 아기라고 생각하면 돼. 즉 돈이 돈을 낳는 거지.

은행은 어떻게 예금에 대해 이자를 주는 걸까?

그건 고객이 맡긴 돈을 은행이 <u>투자</u>해서 돈을 벌기 때문이야. 그 이익의 일부를 고객에게 예금한 대가로 돌려주는 것이 이자라고 보면 돼.

은행은 돈이 필요한 사람이나 회사에 돈을 빌려주고, 그 대가로 이자를 받거든.

친구에게 닌텐도 게임기를 빌려줬다고 생각해 보자. 게임기를 신나게 가지고 놀았던 친구는 고마운 마음에

과자나 아이스크림을 사 줄 수 있겠지? 돈도 마찬가지야. 돈을 빌려주면 그 대가로 이자를 주는 것이지.

은행에 맡긴 원금에 대해 은행이 주기로 약속한 이자의 비율을 이자율이라고 해. 은행에 예금한 사람은 이자율만큼 이자를 받을 수 있지. 이자율은 은행마다 서로 조금씩 차이가 있기도 하고, 얼마나 많은 돈을 저축했는지에 따라서도 달라져.

다음 공식으로 이자를 얼마나 받을 수 있는지 생각해 보자.

$$이자 = 원금 \times 이자율$$

1만 원을 은행에 저금했다고 해 보자. 이자율은 연 3%야. 그러면 1년 뒤 받을 금액은 얼마일까? 앞의 공식에 따라 이자를 계산해 보면, 이자는 10,000원 × 3% = 300원이야. 되돌려 받을 금액은 10,000 + 300원 = 10,300원이 되겠네.

내 통장 만들기

부모님에게 용돈을 받으면 기분이 좋지? 사고 싶었던 물건을 살 수도 있고, 치킨, 피자 등 간식을 사먹을 수 있고. 그런데 미래를 위해 용돈 일부를 은행에 저축하는 건 어떨까? 예금 통장을 만드는 거야.

통장을 만들려면 어떻게 해야 할까?

우선 은행으로 가야겠지? 은행에 갈 때는 부모님과 함께 가야만 해. 엄마, 아빠는 신분증을 은행에 보여 주고 여러분의 통장을 만들게 도와줄 거야. 부모님과 함께 가야 하는 이유는 아직 우리가 미성년자이기 때문이야. 하지만 만 14세가 넘었다면 혼자서도 은행에서 통장을 만들 수 있어.

통장을 만들 때는 도장이나 사인이 필요해. 맡긴 돈을

찾을 때 필요하거든. 또 내 돈을 다른 사람이 빼가지 못하도록 비밀번호도 등록해야 하지.

통장에는 언제 얼마를 넣고 찾았는지 자세히 기록되어 있어. 저축으로 받게 될 이자도 함께 적혀 있지. 통장에 돈이 쌓이는 것을 보면 마음이 뿌듯해질 거야. 저금을 해 본 사람만이 느낄 수 있는 기쁨이지.

늘어나는 통장의 액수를 보면서 사고 싶은 것, 가고 싶은 곳 또는 하고 싶은 것을 상상해 봐. 저축이 얼마나 신나고 보람된 일인지 저절로 깨닫게 될 거야.

신용카드

현대사회는 신용이 중요한 사회야. '신용이 재산'이라는 말이 있을 정도지. 신용 있는 사람이란 약속을 잘 지켜서 믿을 만한 사람을 말해. 경제에서는 신용을 바탕으로 먼저 물건을 받은 뒤 나중에 돈을 갚을 수 있게 해 주는 **신용카드**가 있단다.

신용카드를 쓰면 한 달 뒤에 돈을 갚겠다고 약속하는 것이기 때문에 당장 돈을 낼 필요가 없어. 신용카드가 있으면 따로 현금을 가지고 다니지 않아도 되기 때문에 편리하기도 하지.

하지만 신용카드가 무조건 좋은 것만은 아냐.

물건을 살 때 돈을 내지 않는다고 공짜로 살 수 있는 것은 아니거든. 신용카드로 물건을 사는 건 외상과 마찬가지야. 만약 돈을 갚기로 정한 날짜에 내지 못하면 벌칙으로 더 많은 돈을 내야 하고 신용에도 문제가 생겨.

신용카드는 <u>충동구매</u>를 부추기는 단점이 있어. 당장 돈이 없어도 물건을 살 수 있기 때문에 필요하지도 않은 물건을 충동적으로 사는 거지. 하지만 돈을 갚아야 할 때가 되면 쩔쩔매며 후회하겠지? 그렇기 때문에 신용카드를 쓸 때에도 반드시 계획한 후 나중에 갚을 능력이 되는 만큼만 써야해.

　물론, 여러분은 아직 어려서 신용카드를 가질 수 없지만, 어렸을 때부터 소비 습관을 잘 길러 두어야 어른이 된 다음 합리적인 소비를 할 수 있어.

8

기업의 주인이 되는 주식과 투자

미국의 워런 버핏이라는 할아버지는 세계적인 부자 가운데 한 사람이야. 이 할아버지가 어떻게 돈을 벌었을까? 바로 <u>주식</u>을 통해서란다. 버핏 할아버지는 11살 때부터 주식을 했다고 해.

주식이 뭐길래 이렇게 큰돈을 벌어다 주는 걸까? 물론 주식으로 전 재산을 날렸다는 사람도 있어.

이번에는 주식에 대해 알아 볼게.

만약 여러분이 장난감 가게를 열 계획이라고 해 보자. 무엇이 필요할까? 우선 가게를 빌려야지. 여러 가지 장난감도 충분히 사야 돼. 진열대도 있어야 하고. 손님을 친절하게 안내할 직원도 필요하지. 이러한 모든 것을 마련하기 위해서는 결국 돈이 필요하단다. 그것도 아주 큰돈이.

만약 장난감 가게를 차리는 데 모두 1억 원이 필요하다고 하면, 그 많은 돈을 어떻게 모을까? 혼자서는 힘들겠지? 그래서 마음이 맞는 친구 네 사람이 모여 각각 4분의 1씩, 즉 2,500만 원씩 모아서 1억 원을 만들었다고 해 보자. 그러면 이 네 사람은 각각 25%씩 나눠서 장난감 가

게를 여는 셈이야. 이것을 투자라고 불러.

이렇게 투자된 돈으로 가게를 연 다음 장난감을 팔고 난 뒤 수입이 생기면, 투자한 네 사람은 그 수입의 25%를 각각 나눠 가질 수 있어.

주식은 이처럼 장난감 가게를 여는 것과 비슷해. 큰 가게나 회사를 만들려면 적게는 몇 억 원, 많게는 몇 백 억 원에 이르는 큰돈이 필요하거든. 이 때문에 여러 사람들로부터 돈을 모아서 회사를 만들지.

> 이런 방식으로 여러 사람들의 돈을 모아서 설립한 회사를 주식회사라고 부른단다.

여기서 '주식'이라는 말이 들어가는 이유는 돈을 투자한 사람들에게 주식이라는 증서를 주기 때문이야. 그리고 이 증서를 가지고 있는 사람을 주주라고 불러. 즉 주식을 가진, 회사의 주인임을 증명하는 것이지.

주주가 되면 회사의 중요한 결정에 참여할 수 있어. 주주들은 주주총회에 모여서 회사와 관련된 중요한 일들을 결정해.

주주는 자신이 가지고 있는 주식 수만큼 의결권을 행사할 수 있지. 의결권이란 주주가 주주총회에 출석해 어떤 결정에 참가할 수 있는 권리를 뜻하는 말이야.

그렇다면 주식으로 어떻게 돈을 벌 수 있을까? 방법은 크게 두 가지야. 첫 번째는 배당금이야.

배당금이란 회사가 낸 이익을 주인인 주주들에게 돌려주는 것을 말해.

회사가 경영을 잘해서 돈을 많이 벌게 되면 연말에 주주들에게 배당을 해. 이익을 많이 낸 회사는 배당금을 많이 지급하지만 이익을 못 낸 회사는 배당금을 줄 수가 없을 거야.

주식으로 돈을 버는 두 번째 방법은 시세차익이야. 어떤 회사가 경영을 잘 해서 많은 수익을 얻게 되면 그 회사 주식을 사고 싶어 하는 사람들이 많아져. 그러면 그 회사 주가가 올라가지.

그럼 처음에 샀던 주식 가격보다 높은 가격에 주식을 팔 수 있어. 처음에 샀던 가격과 나중에 판 가격의 차이가 바로 시세차익이야. 주식은 이렇게 시세차익으로 돈을 벌 수 있어.

주식은 어디서 사고팔 수 있을까? 마트에서 아이스크림과 장난감을 사고팔듯이 주식도 사고파는 시장이 있지. 주식이 거래되는 시장을 __주식시장__이라고 불러. 이곳에는 주식을 팔려는 사람과 사려는 사람이 모여 있어.

주식시장에는 다양한 주식회사들이 __상장__돼 있어. 상장이라는 말은 회사 주식을 사람들이 사고팔 수 있도록 __증권거래소__에 회사를 등록하는 것을 뜻해. 아무 회사나 상장될 수 있는 건 아냐.

증권거래소는 주식을 발행한 회사에 대해 엄격한 심사를 한단다. 심사를 통과한 회사만 주식시장에서 주식을 사고팔 수 있는 자격을 가질 수 있어.

현재 우리나라에서 주식을 거래하는 곳은 한국거래소야.

이곳에서 __코스피(KOSPI)__와 __코스닥(KOSDAQ)__ 주식의 거래를

관리해. 코스피는 삼성전자, SK텔레콤, 현대자동차 등 덩치가 크고 우량한 기업들이 상장된 곳이야.

코스닥은 상대적으로 규모는 작지만 기술력이 좋아 앞으로 커 나갈 수 있는 중소기업들이 상장되어 있는 곳이지.

한국거래소는 서울 여의도에 있어. 여의도에는 다른 증권회사도 많아서 여의도를 금융타운이라고 부르기도 하지.

우리나라 기업들이 영업을 잘하고 실적이 좋으면 많은 사람들이 주식을 사려고 몰려들고 그 반대라면 주식을 내다 팔려고 할 거야. 이렇게 주식시장은 기업의 경쟁력과 우리나라 경제의 현 상태를 잘 보여 줄 뿐만 아니라 앞으로 우리 경제가 좋아질지 나빠질지 가늠할 수 있는 지표가 되기도 해.

9

미래의 위험에 대비하는 보험

뉴스를 보면 매일 사건사고가 끊이지 않아. 태풍이 와서 건물이 무너지기도 하고, 화재로 공장이 불에 타기도 해. 교통 사고로 다치기도 하고 많은 승객을 태운 비행기가 추락하는 일도 가끔 있지.

사실 우리가 살고 있는 세상에는 뉴스에 나오는 것보다 훨씬 더 많은 위험한 일이 생기곤 해. 조금 무섭지?

> 하지만 위험이 있으면
> 위험을 피할 수 있는 방법도 있는 법.
> 보험이 그 가운데 하나야.

보험은 혹시 일어날지 모르는 위험에 대비하기 위해 정기적으로 일정 금액을 내서 대비하는 제도를 말해.

보통, 보험에 가입하면 한 달에 한 번씩 보험료를 내지. 은행에 매달 적금을 드는 것과 비슷한 방식이야. 다만 보험료는 은행에 저축하는 것과 달라서 낸 돈을 나중

에 전부 다 돌려받을 수는 없어.

　돈을 낸 만큼 다 돌려받지 못하니 보험에 가입하는 게 손해라고? 그렇게 생각할 수도 있을 거야. 하지만 꼭 그렇진 않아. 보험사는 가입자가 안 좋은 일을 겪게 되면, 가입자가 낸 것 이상으로 보상을 해 주기 때문이지.

　내가 한 달에 5만 원씩 내고 주택보험에 가입했다고 해 봐. 그런데 몇 년이 지난 뒤 태풍이 와서 집이 크게 망가졌어. 그럴 때 보험사는 우리 집을 고칠 수 있는 돈을 내주는 거야.

　가입한 보험 상품에 따라 1년 동안 낸 보험료 60만원(5

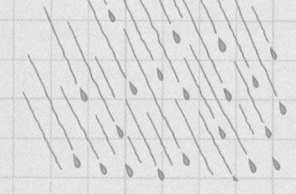

만원×12개월)보다 많은 돈을 받을 수도 있지.

물론 자신에게 나쁜 일이 절대 일어나지 않을 거라고 믿는 사람들은 보험에 들지 않겠지. 하지만 요즘처럼 복잡한 사회에서는 언제 어디에서 무슨 일이 발생할지 몰라. 사고는 예측할 수 없거든.

그래서 보험이 생겨난 거야. 큰 병에 걸리거나 교통사고나 화재 같은 사고에 대비해 보험 상품에 가입하면 사고가 발생했을 때 보험회사에서 가입할 당시 약속한 금액을 내 주는 거지.

이처럼 보험은 한꺼번에 많은 돈이 필요한 일이 생겼을

때 경제적으로 든든한 지원군이 될 수 있어.

보험은 언제 처음 생겼을까?

인류 역사에서 처음 등장한 보험은 <u>해상보험</u>이야. 해상보험은 화물과 선박을 대상으로 한 보험을 말해.

과거에는 화물을 실어 나르는 배가 항해를 할 때 많은 이익을 남기기 위해 배에 실을 수 있는 양보다 더 많은 화물을 싣곤 했어. 그런데 항해 도중 폭풍을 만나게 되면 배의 무게를 줄이기 위해 화물을 바다로 던져야 했지.

하지만 어떤 누구도 자신의 화물을 버리고 싶어 하지 않았어. 그래서 자신의 물건은 버리지 않겠다고 싸우곤 했지. 그러다가 이들은 싸움을 멈추고 한 가지 약속을 했어. 어떤 화물을 버리든지 그 주인이 누구든지 상관없이, 버려진 화물에 대한 손해는 배에 타고 있는 모든 상인들과 배의 주인이 공동으로 돈을 모아 배상해 주기로 말이야. 그때부터 다툼이 없어졌고, 손실도 크게 줄일 수 있었다고 해.

이처럼 해상보험은 바다를 항해하는 동안에 일어날 수 있는 선박과 화물의 위험을 보장하는 보험이야.

중세시대에도 길드라는 상인 조직 안에서 항해 도중에 선박이나 화물의 손해가 발생했을 경우 이를 공동으로 부담하는 제도가 있었다고 해.

> 보험은 갑작스런 사고를 당해서 다치거나 큰 손해를 보게 된 사람을 여러 사람들이 조금씩 돈을 모아 도와주도록 만든 제도야.

그래서 보험의 기본 정신은 서로 돕는 상부상조라고 할 수 있지. 여러 사람이 보험료를 냈다가 가입자 중에 사고가 생기면 다른 사람들이 낸 보험료를 합쳐 보험금을 받게 되는 거야. 사고가 생기지 않는 사람은 보험료만 내는 것이고.

우리나라에도 예전부터 이웃이나 친척들끼리 서로 돕기 위한 계나 품앗이가 있었지.

예를 들어, 마을 주민 가운데 누군가의 집에 불이 나면 주민들이 함께 집을 다시 지었고 누군가 세상을 떠나면 마을 사람들이 함께 힘을 모아 장례를 치렀어. 이처럼 계나 품앗이는 오늘날의 보험과 비슷한 제도라고 할 수 있지.

보험의 종류

이번에는 보험의 종류에 대해 알아볼까? 보험은 크게 개인보험과 사회보험으로 나눌 수 있어. 개인보험에는 다시 생명보험과 손해보험 두 가지가 있단다.

생명보험은 가입자가 생명을 잃었을 경우 그의 가족이나 친척에게 보상금을 지급하는 상품이야.

손해보험은 교통사고, 화재, 도난 등과 같이 뜻하지 않은 사고나 위험으로 생긴 피해를 보상받기 위해 가입하는 보험이지.

손해보험의 대표적인 예는 자동차 보험이야. 자동차는 우리에게 편리함을 주지만 자칫하면 큰 사고를 당할 수도 있거든. 사고를 처리하기 위해서는 많은 돈이 들지. 그래서 자동차를 사면 반드시 자동차보험에 가입해야 한단다.

사회보험은 국민들이 안정적으로 생활할 수 있게 정부가 보험금의 일부를 지원하는 제도를 말해. 네 가지 종류가 있지.

건강보험, 국민연금, 고용보험, 산재보험.

건강보험이란 사람들이 질병으로 병원을 찾을 때 의료비 부담을 덜어 주기 위한 보험이야. 보험료는 개인의 수입과 재산에 따라 달라.

국민연금은 나이를 먹어 일을 할 수 없을 때 도움을 주기 위한 보험이야. 회사에 다니면서 일하는 동안 매달 일정 금액의 돈을 내면 나이가 들었을 때 연금으로 받을 수 있지. 18세 이상 60세 미만의 국민은 특별한 이유가 없는 한, 의무적으로 국민연금에 가입해야 해.

고용보험은 근로자가 직장을 잃은 뒤 새로운 일자리를 찾는 동안 생활할 수 있도록 지원하기 위해 만들어진 보험이야. 직장을 다닐 때 고용보험에 꼭 들어두어야 만약에 생길 수 있는 실직 기간에 안정적으로 생활할 수 있겠지?

산재보험은 근로자가 일을 하다가 다치거나 사망했을 때 보상을 해 주는 보험을 말해. 특히 공장이나 건축 현장 등 위험한 장소에서 일하는 사람들은 사고의 위험이 크거든. 산재보험은 개인이 아니라 기업이나 사업주가 보험금을 내야 해.

10

한 나라가 벌어들인 수입, 국민소득

우리 가정의 소득은 어떻게 알 수 있을까? 여러분은 돈을 벌지 않으니, 부모님의 월급을 모두 합하면 그게 가정의 소득이 될 거야. 부모님이 만약 사업을 한다면 사업으로 얻은 금액이 소득이 되겠지.

가정에 소득이 있듯이 한 나라에도 소득이 있어. 국민소득이라고 부르지.

> 국민소득이란 국민들이
> 1년 동안에 생산해 낸 것을
> 돈으로 계산해서 전부 합한 것을 말해.

국민소득을 나타내는 것은 국내총생산(GDP), 국민총생산(GNP), 1인당 국민소득 등이 있어. 무슨 말이냐고? 이건 좀 어려운 내용이야. 이해하기 힘들면 그냥 넘어가도 돼. 그래도 최대한 쉽게 설명할 테니 천천히 읽으면서 따라와 보렴.

국내총생산은 '한 나라 안'에서 생산해 낸 것을 돈으로 계산해서 합한 것을 말해. 국민총생산은 '한 나라의 국민'들이 생산해 낸 것을 돈으로 계산해서 합한 것이고.

우리 국민이 외국에서 생산한 것은 국민총생산에는 포함되지만, 우리나라 밖에서 생산된 것이기 때문에 국내총생산에는 포함되지 않아. 마찬가지로 외국인이 우리나라에서 생산한 것은 국내총생산에는 포함되지만 우리나라 국민이 생산한 것이 아니기 때문에 국민총생산에는 포함되지 않지.

이러한 국민소득을 그 나라의 인구수로 나눈 것을 <u>1인당 국민소득</u>이라고 해. 말 그대로 국민 한 사람이 1년 동안 얼마나 벌었는지를 보여 주는 수치야.

한 나라의 국민소득은 커질 수도 있고, 작아질 수도 있는데, 국민소득이 늘어나는 것을 <u>경제성장</u>이라고 해. 국민들이 열심히 경제활동을 하면 경제는 크게 성장하고, 그렇지 못하면 조금밖에 성장하지 못한단다.

우리나라는 1960년대 초반까지 세계에서 가장 못사는 나라 중 하나였어. 그러나 1960년대 중반부터 정부와 국민이 힘을 모아 노력한 결과, 세계가 놀랄 정도로 대단한 경제성장을 이루었지. 이제 대한민국은 경제 강국 가운데 하나야.

정부는 어떤 일을 할까?

모든 사람이 많이 벌어서 잘 살고 싶어 하는 건 너무 당연한 일일 거야. 하지만 어떤 사람들은 원하는 만큼 소득을 얻지 못하고 어떤 사람들은 우리가 상상하는 것 이상으로 많이 벌어들이지.

기업도 삼성전자나 현대자동차처럼 세계적으로 큰 기업이 있는가 하면, 조금밖에 벌지 못하는 아주 작은 기업도 많아. 일부 기업들은 수입이 없어 문을 닫기도 하지.

소득이 적거나 없는 개인이나, 이윤을 조금밖에 얻지 못하는 기업들을 누군가 도와주면 좋겠지? 정부는 주로 경제적으로 어려운 약자를 돕는 역할을 한단다.

예를 들어, 소득이 적은 개인에게 좋은 기술을 배울 수

있도록 기회를 제공하거나 직장을 잃어 생활비를 감당할 수 없는 사람을 위해 고용보험료를 지급하기도 해. 국민 모두가 잘 살게 하는 게 정부가 있는 이유 중 하나지.

> 정부는 힘없는 사람들을 돕는 것뿐만 아니라,
> 사업을 하는 사람들이 자유롭고
> 공정한 경쟁을 하도록 제도를 만들기도 해.

만약 어떤 물건을 단 두 개의 기업만 생산하고 있다고 해 보자. 이들 기업이 힘을 합해 갑자기 가격을 올린다면? 소비자들은 어쩔 수 없이 비싼 가격에 그 물건을 사야 할 거야.

이런 횡포를 막기 위해 정부는 기업이 담합해 가격을 함부로 올리지 못하도록 하고 있어. 자유롭고 공정한 경쟁이 이루어지도록 하기 위해서지.

공정한 경쟁은 나라 경제가 건강하게 성장할 수 있게

하는 데 아주 중요하거든. 공정한 경쟁을 할 수 있을 때, 개인이나 기업이나 모두 이득을 얻을 수 있지. 그래야 국민소득도 올라가고, 나라가 잘 살게 되는 거야.

　물론 정부만 열심히 일한다고 경제가 좋아지는 건 아니라는 점도 잊지 말길. 개인과 기업, 정부가 모두 힘을 합쳐 함께 노력할 때 우리나라 경제가 성장할 수 있어.

11

우리 모두를 위해 필요한 세금

가정의 살림살이와 마찬가지로 나라의 살림을 꾸려가기 위해서는 돈이 필요해. 정부는 어떻게 필요한 돈을 마련할까? 바로 세금을 통해서야.

> 세금이란 정부나 지방자치단체의
> 운영에 필요한 돈을 국민이나 회사가
> 나누어 내는 것을 말해.

국민이면 누구나 의무적으로 세금을 내야 하지. 외국인이라도 우리나라에서 일을 해서 소득을 얻었으면 세금을 내야 해.

세금의 종류에는 어떤 것들이 있을까?

가장 대표적인 세금은 <u>소득세</u>야. 소득세는 우리가 일해서 번 돈의 일부를 국가에 세금으로 내는 걸 말해. 부모님이 열심히 일하고 받는 월급이나 사업을 해서 번 돈 가운데 일부를 세금으로 내는 거지.

이처럼 벌어들이는 소득의 일정 부분을 직접 국가에 내는 세금을 <u>직접세</u>라고 불러.

소득세는 모든 사람이 똑같은 금액을 내는 건 아니야. 소득이 많은 사람은 더 많이 내고, 소득이 적은 사람은 적게 내지.

여러분도 세금을 내고 있을까?

놀랍게도 여러분도 세금을 내고 있어. 학교 앞 문방구에서 미술시간에 필요한 가위를 샀다면, 그 가위 가격에는 이미 세금이 포함되어 있단다. 학교를 마치고 친구들과 같이 사 먹은 떡볶이에도 세금이 포함돼 있어.

농산물이나 책값처럼 특별한 경우를 빼고 물건 값에는

보통 10%의 세금이 포함되어 있다고 보면 돼. 예를 들어, 어떤 물건이 11,000원이라면 10,000원은 물건 값이고 10%인 1,000원이 세금인 거지. 그래서 소비자들은 본래 물건 값과 세금을 합한 11,000원을 내게 되는 거야. 이처럼 물건 값에 붙는 10% 세금을 **부가가치세**라고 불러.

부가가치세는 물건을 사는 사람이 그 물건을 만든 회사를 통해서 간접적으로 내는 세금이야. 그래서 부가가치세를 **간접세**라고 불러. 예를 들어볼게. 공책을 살 때 물건 값 외에 세금을 함께 지불하면 그 돈은 공책을 만든 회사로 들어가서 그 회사가 정부에 세금을 내지.

세금은 나라 살림에 필요한 모든 일에 사용돼. 우리 주변에는 학교나 도서관이 많아. 경찰서나 소방서 같은 관공서도 있고. 세금은 이런 시설을 짓거나 여기에서 일하는 사람들에게 월급을 주고 운영하는 프로그램을 지원하기 위해 필요해.

도로가 없으면 차들이 다니기 힘들겠지? 도로를 만들거나 고치는 데도 세금이 필요하단다. 항구나 댐, 공항처럼 사회에 필요한 기초 시설을 건설하는 데도 세금이 들

어가지. 코로나19와 같은 전염병으로 국민들의 건강이 위협받을 때, 정부는 세금으로 검사를 하고 치료도 하는 거야.

만약 세금을 거두지 않는다면 어떤 일이 일어날까?

세금이 없으면 정부는 국민을 위한 여러 가지 중요한 일들을 할 수 없게 돼. 학교를 짓고, 도로나 다리를 건설하는 일도 못할 거야. 나라를 지키는 군인, 우리의 안전을 책임져 주는 경찰, 불을 꺼 주는 소방관도 뽑을 수 없겠지?

어떤 사람들은 세금이 우리한테 무슨 혜택이 있느냐고 묻기도 해. 하지만 우리가 내는 세금은 정부가 그냥 가져가는 것이 아니라 생활에 필요한 것을 정부가 제공함으로써, 결국은 우리를 편하고 이롭게 해 준단다. 세금은 우리 모두가 혜택을 받을 수 있는 돈이라고 생각하면 돼.

12

나라끼리의 거래, 무역

지구에는 매우 많은 나라들이 있어. 나라마다 잘하는 것도 다르지. 독일은 자동차를 잘 만들고, 우리나라는 반도체와 가전제품을 잘 만들고 호주는 축산업이 발달했지. 어떤 나라가 다른 나라보다 적은 비용으로 좋은 품질의 물건을 만들 수 있다면, 그 나라는 그 상품에 집중하게 될 거야.

이것을 '특화'라고 해.

어느 나라나 특화 상품이 있어. 그리고 각 나라들은 특화 상품을 서로 사고팔지. 우리나라가 반도체를 호주에 팔고 호주는 우리나라에 소고기를 파는 거야. 그러면 두 나라 모두에 이익이 돼. 이런 점 때문에 나라와 나라 사이에는 무역이 이루어지고 있단다.

> 무역이란 나라 간에
> 물건을 사고파는 것을 말해.

　일반적인 상품뿐만 아니라 요즘은 기술이나 서비스는 물론 콘텐츠까지도 사고팔 수 있지. 항공 산업이 발달한 미국은 비행기 만드는 기술을 다른 나라에 팔 수 있고 우리나라는 영화나 드라마를 수출하기도 해.
　무역은 수출과 수입으로 나눠볼 수 있어. 다른 나라로 물건을 파는 것을 수출이라고 하고, 반대로 다른 나라의 상품을 사들이는 것을 수입이라고 하지.

> 수출과 수입을 통틀어서
> 무역이라고 부르는 거야.

석유를 생각해 봐. 우리나라에서는 석유가 전혀 나지 않아. 그래서 중동이나 미국 등에서 석유를 수입하지.

삼겹살은 어떨까? 우리나라도 돼지를 키우기는 하지만 국내 생산량만으로는 국민의 수요를 모두 감당할 수 없단다. 그래서 외국에서 수입하고 있지. 망고나 파인애플, 석류 등의 과일도 다른 나라에서 대부분 수입하고 있어.

이처럼 무역은 우리들이 필요한 부분을 충족시켜 주는 매우 중요한 기능을 해.

주변을 보면 외국에서 수입한 물건들이 아주 많아. 제품을 잘 살펴보면 메이드 인(made in)이라는 표시가 있는데, 이것은 그 제품이 어디에서 만들어졌는지 알려 줘. 만약 미국에서 만든 제품이면 '메이드 인 유에스에이(Made in USA)'라고 표기되지. 요즘은 특히 중국산 제품 '메이드 인 차이나(Made in China)'를 많이 볼 수 있어.

수출을 많이 하면 왜 좋을까?

우리나라 경제에서 무역이 차지하는 비중은 70%가 넘을 정도야. 세계에서 여섯 번째로 무역 규모가 큰 나라지 (2022년 기준).

> 수출에서 수입을 뺀 차이를
> 무역수지라고 불러.

수출은 우리나라가 상품을 외국에 내다 팔아 돈을 버는 것이고, 수입은 외국 상품을 사오는 것이기 때문에 돈을 쓰는 것이야. 벌어들이는 돈이 쓰는 돈보다 많으면, 무역수지 흑자라고 해. 반대로 수입을 많이 해서 쓴 돈이 더 많으면 무역수지 적자라고 하지.

무역수지가 흑자여야 부자 나라가 될 수 있어. 우리나라는 1986년 처음으로 무역수지 흑자를 기록했고, 이후

거의 해마다 흑자를 유지하고 있단다.

즉 수입보다 수출을 많이 하고 있다는 거지. 1960년대 우리나라 수출 규모는 약 1억 달러(약 1,200억 원)로 아프리카의 가난한 나라와 비슷한 수준이었어. 하지만 수출 중심의 경제성장을 거듭한 결과, 지금은 그때보다 6천 배 정도 늘어난 6,500억 달러(2022년 기준)의 수출을 하고 있단다. 대한민국 정말 대단하지?

수출을 많이 하게 되면 우선 기업이 건강해져. 더불어 나라 살림도 좋아지지. 물건을 팔아 벌어들인 외화가 계속 쌓여 우리의 외환보유고도 튼튼해지지.

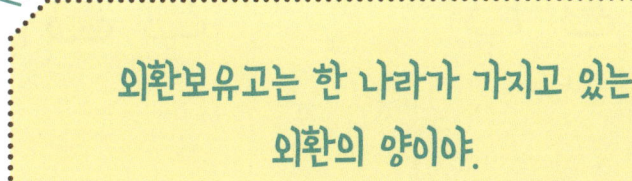

외환보유고는 한 나라가 가지고 있는 외환의 양이야.

특히 미국 달러는 세계적으로 중요한 외화야. 외환보유고는 세계 경제가 어려워질 때 우리 경제를 보호하는 역할을 해. 1997년 말 우리나라는 외국에 진 빚을 갚을 돈이 부족해 곤란에 처했는데, 그 이유는 외환보유고가 적었기 때문이야.

당시 우리나라는 국제통화기금(IMF)이라는 국제기구로부터 외화를 빌려서 위기를 넘길 수 있었어.

세계무역기구와 자유무역협정

나라 간에 무역을 하다 보면 종종 다툼이 일어나곤 해. 이러한 다툼이 일어나지 않도록 무역의 규칙을 만들어 운영하는 국제기구가 있단다. 바로 **세계무역기구(WTO)**야.

세계무역기구는 기본적으로 자유무역을 지향하는 단체야. 1994년 4월 15일 모로코에서 세계 125개국 무역 대표들이 7년 반 동안이나 논의한 끝에 만들어졌지. 세계무역기구의 본부는 스위스 제네바에 있어.

세계무역기구와 더불어 중요한 무역 제도는 **자유무역협정(FTA)**이야. 자유무역협정은 다른 나라 상품을 차별하지 말고 자유롭게 거래할 수 있게 하자는 약속이야.

상품이 수출되면 수입한 나라에서는 세금을 매겨. 이를 **관세**라고 하지. 그러면 수입된 상품은 관세만큼 비싸지게 되고, 비슷한 성능과 품질을 가진 그 나라 상품과의 경쟁에서 밀리게 돼.

예를 들어 현대자동차가 그랜저라는 차를 5천만 원에 미국에 수출하는데, 미국에서 1천만 원의 관세를 매기면, 미국에서 그랜저의 판매 가격은 6천만 원이 돼. 그러면 미국 사람들은 그랜저가 비싸다고 사지 않겠지. 대신 관세가 없는 미국산 자동차를 찾게 될 거야.

자유무역협정을 맺으면 수출품에 대해서 관세를 낮게 매기거나 없애서 좀 더 자유롭게 무역을 할 수 있어. 2004년 4월 우리나라는 처음으로 칠레와 자유무역협정을 맺었지. 2023년 기준으로 우리나라와 자유무역협정을 맺은 나라는 모두 59개국이야.

경제는 어떻게 움직일까?

초판 1쇄 발행 2023. 6. 15.
초판 3쇄 발행 2025. 6. 25.

지은이	윤현주
그린이	임다와
발행인	이상용 이성훈
발행처	봄마중
출판등록	제2022-000024호
주소	경기도 파주시 회동길 363-15
대표전화	031-955-6031
팩스	031-955-6036
전자우편	bom-majung@naver.com

ISBN 979-11-92595-14-6 73320

값은 뒤표지에 있습니다.
잘못된 책은 구입한 서점에서 바꾸어 드립니다.
본 도서에 대한 문의사항은 이메일을 통해 주십시오.

봄마중은 청아출판사의 청소년·아동 브랜드입니다.